Bibliografische Information der Deutschen Nationalbibliothek:

Die Deutsche Bibliothek verzeichnet diese Publikation in der Deutschen National-
bibliografie; detaillierte bibliografische Daten sind im Internet über http://dnb.d-
nb.de/ abrufbar.

Impressum:

Copyright © 2014 GRIN Verlag, Open Publishing GmbH
Druck und Bindung: Books on Demand GmbH, Norderstedt Germany
ISBN: 978-3-668-13573-4

Dieses Buch bei GRIN:

http://www.grin.com/de/e-book/314511/verslumung-als-folge-von-metropolisierung-
soziale-lebensbedingungen-in

Leonard Couvée

Verslumung als Folge von Metropolisierung. Soziale Lebensbedingungen in Mexico-City

GRIN Verlag

GRIN - Your knowledge has value

Der GRIN Verlag publiziert seit 1998 wissenschaftliche Arbeiten von Studenten, Hochschullehrern und anderen Akademikern als eBook und gedrucktes Buch. Die Verlagswebsite www.grin.com ist die ideale Plattform zur Veröffentlichung von Hausarbeiten, Abschlussarbeiten, wissenschaftlichen Aufsätzen, Dissertationen und Fachbüchern.

Besuchen Sie uns im Internet:

http://www.grin.com/

http://www.facebook.com/grincom

http://www.twitter.com/grin_com

Leonard A. M. Couvée

Verslumung als Folge

von Metropolisierung

*am Beispiel von **Mexico-City** unter Berücksichtigung*

der sozialen Lebensbedingungen

Eine Facharbeit im Leistungskurs Sozialwissenschaften

Q1.2

Elly-Heuss-Knapp-Gymnasium

Duisburg

Januar - März 2014

Schuljahr 2013/14

Inhaltsverzeichnis

1. Einleitung

In unserer globalisierten Welt lebt heute mehr als die Hälfte der Erdbevölkerung in Städten. Bis 2015 soll es weltweit 26 Megastädte geben. Das sind Städte mit mehr als zehn Millionen Einwohnern. Allein in den Entwicklungs- und Schwellenländern befinden sich 22 dieser Art. Fraglich dabei ist: Wieso sind so viele Menschen in den Städten? Wo finden all diese ihr Zuhause? Wie leben die Stadtbürger? Was sind die wirtschaftlichen Folgen dieser Zentralisierung? Welchen Einfluss hat die Metropolisierung auf die Umwelt?

Es ist offensichtlich, dass die modernen Großstädte kein Paradies auf Erden darstellen. Vielmehr sogar höllengleich in so mancher Hinsicht sind. Trotz dieser allgemeinen Feststellung nimmt die Anzahl der Megastädte allerdings stetig zu. Woran das liegen kann ist eine ebenfalls zu beantwortende Fragestellung.

Die Megastädte sind weltweit verteilt. Trotz gleicher Entwicklungsprozesse ist jede Stadt differenziert zu betrachten. Andere Kulturräume und geographische Situationen nehmen unterschiedlichen Einfluss auf die Entstehungen der Megacitys. In dieser Facharbeit wird der Metropolisierungsprozess in Mexico-City thematisiert, einschließlich seiner Ursachen und Folgen. Genauer wird dabei auf die dadurch eingetretene Verslumung eingegangen, die in Mexico-City flächenmäßig die größte Entwicklung aufweist. Interessant dabei ist, welchen Bedingungen die dort lebenden Menschen ausgesetzt sind. Darüber hinaus werden grundlegende Lösungsmaßnahmen genannt, die das Ziel haben, positive Veränderungen in der Hauptstadt herbeizuführen.

Die Metropolregionen sind heutzutage großer Bestandteil der Weltgeographie. Sie haben ökonomische, ökologische, politische und gesellschaftliche Auswirkungen auf internationaler Ebene. Sie sind Zustand und Problem unseres Zeitalters. Aus diesem Grund habe ich mich für die Thematisierung der Metropolisierung und Verstädterung entschieden.

Zur Informationsbeschaffung diente die Unibibliothek Duisburg-Essen, sowie das Internet.

2. Metropolisierung

2.1 Der Begriff „Metropolisierung"

Eine universelle Definition des Begriffes „Metropolisierung" existiert derweil nicht. Um dennoch eine Festlegung des Ausdrucks aufzustellen, ist es vorerst hilfreich zu klären, was eigentlich eine Metropole ist. Wenn es auch hier für nicht eindeutige Begriffserklärungen gibt, kann man grundlegend sagen, dass eine Metropole ein wirtschaftliches, politisches und kulturelles Zentrum eines Landes ist – oftmals die Hauptstadt –, das in ihrer Einwohnerzahl, politischen Bedeutung und Wirtschaftskraft allen anderen Städten weitaus überlegen ist. Ein Richtwert zur Benennung einer Stadt als „Metropole" ist das Überschreiten der fünf Millionen Einwohnergrenze, wobei auch dieser nicht offiziell bestimmt ist.

Der Begriff der Metropolisierung beschreibt also den Prozess einer Entwicklung in einem Land, bei dem sich der Abstand zwischen einer oder mehreren Metropolen und dem ländlichem Raum, beispielsweise durch Zunahme der Bevölkerung, maßgeblich vergrößert. Man spricht unter Verwendung des Begriffes jedoch nicht nur vom Vorgang, sondern zugleich vom erreichten Zustand der Metropolisierung. Häufiger ist dieser Prozess in Entwicklungsländern zu registrieren. Der „Metropolisierungsgrad" steigt in den gegebenen Ländern, was bedeuten soll, dass der Anteil der Bevölkerung, der in Metropolen lebt, immer größer wird[1]. Diese Bevölkerungsgruppe wird auch als „Metropolitanbevölkerung" bezeichnet (vgl. Bähr/Mertins, 1995, S. 27). In diesem Zusammenhang tritt auch die „Verstädterung" auf. Sie gleicht dem Metropolisierungsbegriff und beschreibt den Zustand oder Prozess des Bevölkerungswachstums (vgl. Bähr/ Mertins, 1995, S. 21). Grund dafür, dass gerade in Entwicklungs- und Schwellenländern die Metropolisierung enorm hoch ist, liegt unter anderem an den drastisch unterschiedlichen Lebensbedingungen auf dem Land und in der Stadt, wie später noch näher erläutert wird[2].

2.2 Metropolisierung in Mexico-City

Mexico-City ist die Hauptstadt der südlich liegenden Nordamerikanischen Bundesrepublik; die *Vereinigten Mexikanischen Staaten*. Sie ist eine der ältesten Städte Ameri-

---

[1]
http://www2.klett.de/sixcms/list.php?page=geo_infothek&article=Infoblatt+Metropolisierung&node=Stadtge ographie
[2]
http://www2.klett.de/sixcms/list.php?page=geo_infothek&article=Infoblatt+Metropolisierung&node=Stadtge ographie

kas und gehört zu den fünf größten Metropolregionen auf der Erde[1]. Bekannt ist sie nicht nur für ihre hohe Kriminalitätsrate, chaotischem Verkehr und einer ungesunden Atmosphäre, sondern auch für ihre Universitäten, den weltberühmten Museen und etlichen Bauwerken im kolonialen Stil, denn sie bildet sowohl das politische und wirtschaftliche Zentrum des Landes, als auch den kulturellen Mittelpunkt[2]. Neben den altertümlichen Gebäuden ragen allerdings auch hunderte Wolkenkratzer in die Höhe, was die Metropolisierung in der Stadt seit vorkolonialer Herrschaft bis zum heutigen Zeitpunkt deutlich erkennbar macht.

In der Zeit der Aztekischen Herrschaft wurde die Stadt Tenochtitlán auf einer Insel des damals noch voll existierenden Texcocosees, der heute fast gänzlich ausgetrocknet ist, gegründet und war mit etwa 150.000 Einwohnern schon früher eine Großstadt. Sie lag also in einem optimalen Ökosystem und wurde mit der Zeit zu einem immer größeren Machtmittelpunkt. Mexico-City kann somit mit dem Begriff „Kolonialmetropole" beschrieben werden, was sich bis zu Beginn des 20. Jahrhunderts auch in der Architektur der Stadt vollkommen widergespiegelt hat. Ab dann jedoch entwickelte sie sich immer mehr zu einer modernen und pulsierenden Landesmetropole, was der Verdienst der entstandenen Neubauten ist, wobei – wie bereits erwähnt – auch heute noch die koloniale Bauweise nicht in den Hintergrund geraten ist. Das 20. Jahrhundert ist im Verlauf des Metropolisierungsprozesses jedoch das ausschlaggebende Zeitalter, denn mit Beginn der Industrialisierung verfolgte man ein starkes Wirtschaftswachstum, wodurch es in Mexico-City zu einem erheblichen Bevölkerungs- und Stadtwachstum kam. Schon um 1930 wuchs die Stadt über den „Distrito Federal" heraus, den bundesunmittelbaren Hauptstadtbezirk, der keinem anderen Bundesstaat in der Republik angehört (vgl. Parnreiter, 1999, S. 65ff). Dem entgegengesetzt fand auf dem Land eine immer drastischer werdende Verarmung der Bauern statt, da sie mit den städtischen Industriefirmen nicht mithalten konnten. Letztere expandierten im großstädtischem Raum immer weiter und Bauern flüchteten in die Städte um zu Arbeit zu gelangen, die dort angesichts der rasanten Industrialisierung versprochen war. Um sich ein Bild vom Wirtschaftswachstum machen zu können sind folgende Daten zu betrachten: Seit 1940 wuchs das mexikanische Bruttoinlandsprodukt jährlich um mehr als 6 %. Dabei nahm der Anteil der Hauptstadt von 27,2 % im Jahr 1940 auf 48,6 % im Jahr 1970 zu. Daran anlehnend vermehrten sich die industriellen Betriebe in der Stadt von etwa 3.200 im Jahr 1930 bis über 34.500 im Jahr 1975. Erkennbar wird das Wirtschaftswachstum von Mexico-City auch in der Quote des entstandenen Produktionsvolumen. Dieses steigerte sich von 28,5 % auf 46,8 % im ähnlichem Zeitraum (vgl. Parnreiter, 1999, S. 69). Mit dem immensen Wirtschaftswachstum und der daran anschließenden Zuwanderung in die Hauptstadt expandierte die Stadt weitaus über den Distrito Federal hinaus in den

[1] http://de.wikipedia.org/wiki/Liste_der_größten_Metropolregionen_der_Welt
[2] http://de.wikipedia.org/wiki/Mexiko-Stadt

Bundesstaat „Estado de México", der den D.F. umgibt, und so kam es zu einer urbanen Agglomeration, die heute allumfassend den Namen „Zona Metropolitana de la Ciudad de México" (ZMCM) trägt. Spricht man also von der Stadt Mexico-City, so bezieht man das gesamte Ballungsgebiet damit ein, auch wenn ursprünglich nur der Bundesdistrikt die Stadt Mexico-City bildete (vgl. Parnreiter, 1999, S. 59). Dem Stadtwachstum zufolge entwickelten sich auch die Armen- und die Luxusviertel in Mexico-City. Innerhalb 50 Jahre verzehnfachte sich die Bevölkerung von 350.000 Einwohnern im Jahr 1900 auf 3,5 Millionen im Jahr 1950 (vgl. Dahman, 1999, S. 227). Sechzig Jahre später hat sich die Bevölkerungszahl Mexico-Citys um mehr als das doppelte auf 8,8 Millionen erweitert[1].

2.3 Ursachen für die Metropolisierung

Es sind durchaus verschiedene, aber gleichzeitig auch miteinander zusammenhängende Ursachen, die die Metropolisierung in den Vereinigten Mexikanischen Staaten stets am laufen gehalten haben. Wie zuvor schon berichtet, beginnt die Metropolisierung in Grundzügen schon zur Zeit der Kolonialherrschaft. Nach dem spanischen Prinzip des Städtebaus konzentrierte man sich auf die Hauptstadt, die sich meist in geographischer Mitte des Landes befand, und gegebenenfalls noch nach vereinzelten weiteren Großstädten. Man schuf ein Stadtzentrum mit einem Hauptplatz *(plaza mayor)*, in dessen Umgebung sich alle wichtigen Instanzen wie zum Beispiel Bischofspalast, Rathaus und Sitz der Regierung niedergelassen haben. Dazu kommt, dass man nur in gegebenen Städten ein Verkehrs- und Versorgungsnetz einrichtete (vgl. Bähr/Mertins, 1995, S. 11 & Dahman, 1999, S. 227f). So war Mexico-City aufgrund seiner zentralen Lage, des damals vorhandenen guten Ökosystems und des Verwaltungszentrums schon von jeher ein Anziehungsort für die Menschen.

Nach der Unabhängigkeit 1821 lag der Fokus nicht mehr nur noch auf den wegen der Kolonialherrschaft überzentralisierten wenigen Großstädten, sondern wurde erst im Rahmen der „[...] Restauration der mexikanischen Republik unter dem liberalen Präsidenten Benito Juárez [...]" (Parnreiter, 1999, S. 66) weiter verstärkt, sodass erst dann, Ende des 19. Jahrhunderts, die Hauptstadt als Machtmittelpunkt allen anderen Gebieten Mexikos überlegen war und eine Zuwanderung stattfand, wenn auch nicht in überdimensionalen Massen (vgl. Bähr/Mertins, 1995, S. 17f).

Infolge der Weltwirtschaftskrise 1929 und dem Eintritt der Industrialisierung verfolgte der Staat Mexiko binnenwirtschaftliche Maßnahmen und setzte in diesem Zusammenhang die importsubstituierende Wirtschaftspolitik ein (vgl. Bähr/Mertins, 1995, S. 39f &

---

[1] http://de.wikipedia.org/wiki/Mexiko-Stadt

Parnreiter, 1999, S. 68). Es wird dabei die inländische Produktion gefördert, indem man unter anderem den Import beispielsweise durch Zölle einschränkt und die eigenen Produkte durch günstigere Preise vermarktet. Außerdem erleichtert der Staat die Produktion durch Subventionen zu Gunsten der Unternehmer und zur Steigung des Exports[1]. In Mexiko sprach man in den 40er Jahren vom „Milagro Mexicano" (Mexikanisches Wunder), denn unter der Präsidentschaft Cárdenas wurde die importsubstituierende Wirtschaftspolitik um jeden Preis durchgeführt, was unter anderem die Gewährung großzügiger Kredite, hohe Importzölle, Subventionen für Unternehmen und die Förderung der Niederlassung von Firmen auf den hauptstädtischen Gewerbeflächen. Zudem wurden finanzielle Erträge aus der Landwirtschaft in die Stadt investiert (vgl. Parnreiter, 1999, S. 68).

In der Stadt entstanden durch die ausgeführten Maßnahmen viele Arbeitsplätze in der Industrie und im Dienstleistungssektor, was für viele Menschen erstmal Arbeit und finanzielle Absicherung bedeutete. Auf dem Land jedoch waren die Existenzen der Bauern und einfachen Leute gefährdet und sie sahen sich daher gezwungen, in die Stadt zu ziehen. Gravierend beeinflusst wurde die Entscheidung zum Umzug in die Hauptstadt durch die so genannten *push- und pull-Faktoren*. Push-Faktoren sind vor allem welche, die durch die Wirtschaftspolitik des Staates entstanden sind: drückende Pachtzinsen, fehlendes Eigenkapital und Verschuldung, mangelnde Kreditmöglichkeiten und natürlich Arbeitslosigkeit. Dem ist zu entnehmen, dass die Subventionen für die städtischen Unternehmen auf den Kosten der Landwirte in den ruralen Gebieten gemacht worden sind. Pull-Faktoren sind dabei der breite Arbeitsmarkt – nicht zuletzt wegen des Auf- und Ausbaus des sekundären und tertiären Sektors –, die bessere Schulausbildung, die vorhandene Infrastruktur, bessere Lebensbedingungen, Sozialleistungen und -Wohnungen sowie die positive Vermarktung der Massenmedien über das Stadtleben. Mexico-City wurde einer Attraktivität angeeignet, selbst für Viertel, die diesen Titel nicht im Entferntesten verdienten (vgl. Bähr/Mertins, 1995, S. 49).

Neben dem wahrscheinlich bedeutendsten sozioökonomischen Phänomen der Land-Stadt-Wanderungen ist allerdings auch das natürliche Bevölkerungswachstum in Mexico-City festzuhalten, dass sich zum einen daher entwickelt hat, dass die Sterberate gesunken ist, weil die Metropole bessere und zugänglichere Versorgungsmöglichkeiten bot, als sie auf dem Land da war. Zudem lebte die Oberschicht im Gebiet Mexico-Citys, die aufgrund ihrer finanziellen Mittel und ihres besseren Lebensstandards ein geringeres Sterberisiko aufwiesen und somit die Bevölkerungsanzahl entsprechend hoch war (vgl. Bähr/Mertins, 1995, S. 45). Zum anderen war die Auswanderungsrate in Mexico ziemlich gering, sodass es also definitiv keine Proportionalität zwischen Zu- und Auswanderer gab (vgl. Parnreiter, 2006, S. 165-184). Verschärft wurde dies auch noch

---

[1] http://de.wikipedia.org/wiki/Importsubstituierende_Industrialisierung

durch die Immigranten – überwiegend aus Europa –, die vor allen Dingen wegen besseren und günstigeren Produktionsmöglichkeiten ihre Unternehmen im fernen Mexico-City niedergelassen haben (vgl. Bähr/Mertins, 1995, S. 41).

Der erwartete Arbeitsmarkt in Mexico-City konnte jedoch den Massen an Zuwanderern nicht gerecht werden, was zum Teil auch an der Modernisierung in den Betrieben lag. Der Regierung störte das doch recht wenig und sie verfolgten weiterhin ihre angewandte Wirtschaftspolitik (vgl. Parnreiter, 1999, S. 69). Das Bundessozialprodukt und die Arbeiterbeschäftigung konnte mit dem Zuwachs der Bevölkerung nicht Schritt halten, so entwickelte sich also die soziale Ungleichheit parallel zu den Industrialisierungserfolgen (vgl. Parnreiter, 1999, S. 69). Man spricht dabei von einer Hyper- oder Überurbanisierung (vgl. Bähr/Mertins, 1995, S. 26).

2.4 Folgen der Metropolisierung

Die soeben genannte Überurbanisierung als Folge der Wirtschaftspolitik und der Verstädterung in Mexico-City zog allerdings noch weitaus drastischere Auswirkungen mit sich. Zum einen hat sich die Beschäftigungsstruktur mit dem Verstädterungsprozess gewandelt. Dabei sind vor allem drei Neuentwicklungen auffallend. Erstens die wachsende Einbeziehung der Frauen in den Arbeitsmarkt, ohne die eine Finanzierung des Lebensunterhalts einer Familie immer schwieriger wurde. Zweitens die Ausweitung des Öffentlichen Dienstes, die sich vor allem im Verwaltungsbereich unabdingbar angesichts des Städtewachstums vollzog und die Mittelschicht stark anwachsen ließ, da die Verwaltungsarbeit überwiegend von ihr getragen wurde. Letztlich führte dies jedoch zu einer Überbürokratisierung, die ein Nachlassen der Stadtentwicklung zur Folge hatte. Drittens die Entstehung und die rasante Vergrößerung des *informellen Sektors*. Der informelle Sektor umfasst in einer Volkswirtschaft alle Erwerbstätigen, die nicht amtlich gemeldet sind und dessen Wirtschaftskraft demzufolge nicht in den offiziellen Statistiken berücksichtigt wird (vgl. Bähr/Mertins, 1995, S. 61f). Man spricht hierbei auch von der „Schattenwirtschaft"[1]. Getragen wird sie überwiegend von Eigenbeschäftigten oder kleinen Familienunternehmen mit einer geringen Produktivität, die aufgrund der Arbeitslosigkeit auf der Mobilisierung der Selbsthilfe basieren, also Überlebensstrategien sind (Bähr/Mertins, 1995, S. 62f).

Zum anderen kam es auch zu gewissen Umstrukturierungen in der sozialen Schichtung. Durch die importsubstituierende Industrialisierung gelang es auch den seit der Kolonialzeit benachteiligteren Menschen der Unterschicht aufzusteigen. Aber auch innerhalb der unteren sozialen Schicht kam es zu Verschiebungen. So entstanden zwei

---

[1] http://de.wikipedia.org/wiki/Informelle_Wirtschaft

Gruppen: Die der Arbeiter, welche über soziale Absicherung verfügen konnten, da sie offiziell einer Tätigkeit nachgingen und die des informellen Sektors, die überwiegend in tiefer Armut lebten (vgl. Bähr/Mertins, 1995, S. 67). Der größte Teil der Unterschicht wird infolge der Entwicklungen den *marginalen Gruppen* zugeordnet. Diese Gruppen umschließen all die Menschen, die weder politisch, gesellschaftlich noch ökonomisch von Bedeutung sind. Sie leben also am Rande der Gesellschaft, wo das Stichwort „marginal" seine Bedeutung findet. Oftmals fehlt es den Personen in der extremen Armut schon an den lebensnotwendigen Grundbedürfnissen (vgl. Bähr/Mertins, 1995, S. 68). Die Marginalisierung nimmt aufgrund der andauernden Metropolisierung auch weiterhin zu, wodurch gleichzeitig eine immer weiter auseinander gehende Spanne zwischen vielen Armen und wenigen Reichen besteht (vgl. Bähr/Mertins, 1995, S. 70). Die ungleiche Verteilung fällt auch in der geographischen Lage und dem Flächenwachstum auf. Im Verlauf der stetigen Verstädterung ist die Stadt, wie bereits erwähnt, weitaus über ihre eigentlichen Grenzen gewachsen. So entstanden viele so genannte „Spontansiedlungen". Illegale Hüttensiedlungen, die die Menschen abermals im Zustand der Selbsthilfe errichteten. Dem entgegengesetzt existieren die Oberschichtviertel, die flächenmäßig viel kleiner sind und sich auch nur weitaus weniger vergrößert haben (vgl. Bähr/Mertins, 1995, S. 74). Zwischen den beiden Kontrasten gibt es außerdem die Viertel des sozialen Wohnbaus, der für die arbeitenden Zuwanderer vor allem in den 70er Jahren gedacht war. Doch genau wie der ausgeschöpfte Arbeitsmarkt, waren auch nicht genügend Wohnungen für die neuen Stadtbewohner da[1]. Ebenso mangelt es maßgeblich an angemessener Infrastruktur. In den ständig weiter expandierenden Slums ist ein Ausbau, geschweige denn überhaupt eine Installierung infrastruktureller Bestandteile gar nicht oder nur mühsam möglich. Und innerhalb der Stadt sind die Straßennetze überlastet, wodurch Staus unvermeidbar sind[2].
Ausgehend von einer immensen Slumbildung und einer polarisierenden Industrie im Gebiet Mexico-Citys, sind auch ökologische Probleme die Folge. Luftverschmutzung durch Abgase der Firmen und Millionen fahrende Autos täglich, eine fehlende Abfall- und Abwasserversorgung, sowie eine Wetteränderung aufgrund der atmosphärischen Kontaminationen, die auch den Ozonwert in die Höhe reißen machen der Gesundheit der dort lebenden Menschen zu schaffen (vgl. Bähr/Mertins, 1995, S. 79).

---

[1] http://www.lerncafe.de/static_pages/lerncafe/46/index-option=com_content&task=view&id=288&Itemid=428.php.html

[2] http://www.artikel32.com/geographie/1/metropolisierung-am-beispiel-mexicocity.php

3. Verslumung

Im Prozess der in Mexico eingetretenen Industrialisierung, die die Globalisierung und das davon ausgehende Wirtschaftswachstum sowie den raschen Bevölkerungszuwachs mit sich brachte, verdichtete sich Mexico-City enorm. So verfolgte man verschiedene bauliche Strategien, um dem aus eben genannten Gründen entstandenen Anspruch an Wohnungen und Gewerbeflächen decken zu können. Die Überdeckung von Innenhöfen, der extreme Neubau und Ausbau sowie die entstandenen Hochhäuser waren die maßgebenden Erneuerungen. Darüber hinaus natürlich auch die im Selbsthilfeprozess der verarmten Einwohner und Zuwanderer entstandenen Stadterweiterungen, überwiegend durch den Bau informeller Siedlungen (vgl. Dahman, 1999, S. 229). In Mexico-City sind daher zwei Verstädterungsprozesse zugleich bemerkbar: „Die reiche, moderne Industriestadt und die arme, unterentwickelte Hüttenstadt" (Dahman, 1999, S. 230).

3.1. Die Slums von Mexico-City

In Mexico-City haben sich die Elendsviertel im ganzen Gebiet ausgebreitet. Sowohl zentrumsnahe Siedlungen, als auch die Marginalen östlich und südlich auf dem ausgetrockneten Texcocosee fallen auf durch ihre monotonen Siedlungsstrukturen[1], die, typisch für die informell gebauten Viertel, gleichmäßig angeordneten Straßen und Häuser, angewandt nach dem spanischen Block-Bauprinzip. Auch zu verstehen ist die Bauart unter dem Begriff „Schachbrettgrundriss" (Dahman, 1999, S. 229). Während das Verwaltungszentrum noch stets im Stadtkern seinen Sitz findet, verlagerte sich die Gesellschaft in andere Gebiete. Aufgrund der angesiedelten Unternehmen aus Mexico und dem Ausland, die eine Infrastruktur voraussetzten, waren Standorte im zentralen Mexico-City sehr gefragt und schnell besetzt (vgl. Dahman, 1999, S. 230). Viele der eigentlich dort lebenden Besserverdienenden zogen daher vom Stadtkern weiter außerhalb und ließen sich oft in südlicheren und westlicheren Stadtteilen auf neuen Anwesen nieder (vgl. Parnreiter, 1999, S. 67). Ähnlich war es auch bei dem ärmeren Teil der Bevölkerung der Fall. Sie verteilten sich ebenfalls über die Grenzen des Distrito Federals um Mexico-City herum und errichteten allmählich illegale Hüttensiedlungen auf illegal beschaffenem Land (vgl. Dahman, 1999, S. 231). Aber sie bekamen auch Zugang zu ehemaligen innerstädtischen Häusern der Reichen, die später jedoch „zu Slums verkamen" (Dahman, 1999, S. 231 – Änderung vorgenommen). Die Spontansiedlungen entstanden vor allem nördlich und östlich des D.F's. In geraumer Zeit

---

[1] http://www.ru.uni-kl.de/fileadmin/intplan/Bachelorarbeiten/2011/Zusammenfassung_BA_Karen_Ziener.pdf

wuchsen sie mit nahe liegenden Ortschaften zusammen und bildeten somit ganze Städte im slumartigen Zustand. Drei bekannte Namen solcher Orte sind Ciudad Nezahualcóyotl (*kurz:* Neza), Valle de Chalco Solidaridad (*kurz:* Chalco) und Ixtapaluca (*kurz:* Izta). Zusammen bilden sie das größte Slumgebiet der Welt mit über 1,7 Millionen armen Einwohnern[1]. Außerdem sind auch Iztapalapa und Xochimilco große informell entstandene Armenviertel im Estado de México. Nezahualcóyotl ist allerdings dabei die größte und bedeutendste Elendsregion. Sie allein weist eine Einwohnerzahl von mehr als 1,1 Millionen Einwohnern auf einer Bevölkerungsdichte von 17.423,4 Einw./km² auf[2]. Östlich von Mexico-City gelegen, grenzt sie wegen des Verstädterungsprozess nun direkt an den Distrito Federal an. In den 60er und 70er Jahren erfolgte in Nezahualcóyotl die rasanteste Phase der Verstädterung. Mit einer entstandenen Fläche von gut 51 km² wurde Neza zur „Millionenstadt armer Leute" und damit das „größte Elendsviertel Lateinamerikas" (Dahman, 1999, S. 234). Heute hat es eine Fläche von über 63 km². Die Lage Nezas stellt eigentlich insofern keinen Urbanisierungsraum dar, als dass es einen hohen Grundwasserstand gibt, der Boden sehr salzhaltig ist, Überschwemmungen nicht selten sind aufgrund der tiefen Lage und ein großer Mangel an Trinkwasser besteht. Eine Bebauung dort zieht also viele Kosten mit sich und ist darüber hinaus eine heikle Angelegenheit aufgrund der niedrigen Tragfähigkeit des Bodens (vgl. Dahman, 1999, S. 234). Dass das Gebiet dennoch besiedelt und bebaut wurde liegt zum einen daran, dass die Regierung im Jahr 1958 eine Parzellierung im ganzen Gebiet genehmigt hat und zum anderen daran, dass die Notbedürftigen beim Kauf in dem Glauben waren, sie bekämen Hilfe des Staates für angemessene Lebensbedingungen, dabei kauften sie Land von Unbekannten, das gar nicht offiziell zum Verkauf stand, da notwendige Einrichtungen wie Infrastruktur und sanitäre Anlagen trotz Forderung nicht zur Verfügung standen – weder beim Verkauf noch viele Jahre später (vgl. Dahman, 1999, S. 234f). Käufer solcher Parzellen waren unter anderem viele Beschäftigte des informellen Sektors und die aus der Stadt verdrängten Arbeitnehmer, denen die Kosten im DF zu hoch geworden sind.

3.2 Missstände in den Slums

Dem Entstehungsgang der Spontansiedlungen zur Folge sind auch die Probleme absehbar. Sie fangen schon an bei den ersten Bauplänen in der Blütezeit der Elendsviertel. Von den monotonen Strukturen für die Erteilung der Parzellen ging beispielsweise ein fehlendes Stadtzentrum aus. Dies bedeutet, dass es kaum Treffpunkte für die Bewohner gab und auch keine Märkte oder ähnliches stattfanden, sodass der wirtschaftli-

---

[1] http://en.wikipedia.org/wiki/List_of_slums#Mexico
[2] http://www.citypopulation.de/php/mexico-admin.php?adm2id=15058

che Faktor hier nur sehr schwach existierte. Daraus ist unteranderem auch zu schließen, dass der Arbeitsmarkt in Nezahualcóyotl äußerst klein ausfällt. Außerdem war die Kommunikation sehr eingeschränkt, sodass auch wichtige politische Themen nur mühsam verbreitet werden konnten (vgl. Dahman, 1999, S. 236-240). Ein weiteres Problem, dass bereits bei der Entstehung Nezas auftauchte, ist das der fehlenden Wasser- und Stromversorgung, ebenso die mangelhafte Abfall- und Abwasserentsorgung (vgl. Dahman, 1999, S. 234f). Genau so wie die schlechte Einrichtung der Erschließung ist auch die Infrastruktur unzureichend. Nur wenige Hauptstraßen führen ins Stadtzentrum. Innerhalb der Slums waren kaum Straßen angelegt, die Böden oft nur marode. Eine bessere Verkehrsanbindung sowie weitere Elemente der Infrastruktur und die Einführung offizieller Ver- und Entsorgungssysteme erfolgte erst „im Laufe der Jahre während der Konsolidierung" (Dahman, 1999, S. 231f), also der Legalisierung der Gebiete (vgl. Bähr/Mertins, 1995, S. 77). Dennoch war und ist der Verkehr ein ungelöstes Problem. Großer Bestandteil der Kraftfahrer sind die Pendler. All die in den peripheren Vierteln Lebenden, aber in der Stadt Arbeitenden nutzen täglich das etwa 200 km lange Straßennetz Mexico-Citys. Dabei ist die Rede von über vier Millionen Fahrzeugen[1]. Einhergehend damit ist schließlich auch die starke Umweltbelastung. Nicht nur jedoch durch die Automobilisierung, sondern auch wegen der Industrialisierung im Allgemeinen weist die Luftverschmutzung extrem hohe Werte auf (vgl. Bähr/Mertins, 1995, S. 78f).

3.3 Auswirkungen auf das Leben der Einwohner

In Anbetracht dieser starken Umweltbelastung schrieb der mexikanische Schriftsteller Guillermo Fadanelli im Jahr 2007: „Für unser aller Gesundheit wäre es besser, Mexico City existierte gar nicht" (vgl. Rühle, 2008, S. 38). Die atmosphärische Kontamination ist in Mexico-City noch stets sehr hoch, wenn auch nicht mehr die Höchste wie noch Anfang der 1990er. Dadurch hat der Ozonwert den empfohlenen Grenzwert der Weltgesundheitsorganisation (WHO) weitaus überschritten[2] und stellt somit eine Gefahr für die Menschen dar (vgl. Bähr/Mertins, 1995, S. 79). Aufsehen erregend ist zudem der ungleiche Wasserverbrauch und dessen Qualität. Zwar gehört Mexico-City nicht unbedingt zu den Ländern mit den größten Wasserproblemen, jedoch sind die Versorgungsquellen ungleich verteilt[3]. Die Oberschichtviertel verfügen zu jeder Jahreszeit über ausreichenden Wasserbestand, während in Marginalvierteln der Bedarf nie völlig

---

[1] http://www.bpb.de/gesellschaft/staedte/megastaedte/64621/mexiko-stadt?p=all
[2] http://de.wikipedia.org/wiki/Mexiko-Stadt
[3] http://www.deutschlandradiokultur.de/eine-stadt-sitzt-bald-auf-dem-trockenen.979.de.html?dram:article_id=224538

gedeckt wird (vgl. Bähr/Mertins, 1995, S. 76). Die Menschen dort sind teilweise auf immer tiefer reichende Brunnen und Tankwagen aus umlegenden Gebieten angewiesen, wobei das Problem so nur verschoben wird und irgendwann die dort lebenden Menschen am Wasser sparen müssen. Dazu kommt, dass das vorhandene Wasser verschmutzt ist und bei den Verbrauchern, insbesondere bei Kleinkindern Krankheiten verursacht[3]. Die Krankheiten sind nämlich ebenfalls ein Problem in den Slums, denn die Luft- und Wasserverschmutzung sind oftmals höher als die für den Menschen verträgliche Belastbarkeit[1] und da es keine vollkommene Infrastruktur gibt, wenngleich diese in den letzten Jahren auch mehrfach installiert wurde, sind auch soziale Einrichtungen wie Krankenhäuser, Seniorenheime oder Schulen bis zu den allmählichen Konsolidierungen der Gebiete ungleich und wenig vorhanden gewesen (vgl. Bähr/Mertins, 1995, S. 139f). Weiterer Bestandteil der Belastungen eines Lebens am Rande der Gesellschaft ist die Kriminalität. Die fehlenden Arbeitsplätze zwingen viele Menschen zur unterbezahlten Arbeit im informellen Sektor und so kommt es auch zur steigenden Kriminalität. Viele verdienen in der Hauptstadt ihr Geld durch Diebstahl und zum Großteil durch den Drogenhandel. Auch die Politik ist nicht ganz unbeteiligt an der Kriminalität und fällt auf durch verschiedene Korruptionsfälle[2]. Ein sicheres und behutsames Leben mitsamt den standardtypischen Einrichtungen ist in Mexico-City, wenn überhaupt, nur den finanziell starken Bürgern möglich, wodurch deutlich wird, dass die sozialen Lebensbedingungen nicht gerecht vorhanden und verteilt sind.

4. Lösungsmaßnahmen

4.1 Möglichkeiten für bessere Lebensverhältnisse

Schon in den 1970er und 80er Jahren verfolgte man gewisse Dezentralisierungskonzepte, also eine Umlenkung und damit eine Abschwächung des Metropolisierungsprozesses. Einhergehend damit sind die so genannten „secondary cities" oder auch „ciudades medianas". Nicht genau definierte Städte, jedoch welche, die über eine allumfassende Grundausstattung verfügen und somit geeignet sind für eine Zuwanderung aus den überfüllten Großstädten. Damit sollte dort ein Wirtschaftswachstum erfolgen und gleichzeitig der Abbau interregionaler Disparitäten, also später ein besseres sozioökonomisches, infrastrukturelles und auch ökologisches Gleichgewicht der verschiedenen Regionen in Mexico geschaffen werden. Umfangreiche Erfolge konnten in Mexico allerdings nicht festgestellt werden (vgl. Bähr/Mertins, 1995, S. 34f). Bezüglich

---

[1]
http://www2.klett.de/sixcms/list.php?page=geo_infothek&article=Infoblatt+Metropolisierung&node=Stadtge ographie
[2] http://de.wikipedia.org/wiki/Mexiko

der hohen Umweltbelastung setzte Ender der 80er Jahre das international geförderte „Luftverbesserungsprogramm für den Großraum Mexiko-Stadt" ein (Bähr/Mertins, 1995, S. 79). Dieses umfasst unter anderem neue Emissionsnormen, der Einsatz von Katalysatoren oder auch das Fahrverbot an einem Wochentag (vgl. Bähr/Mertins, 1995, S. 79). Bemerkenswert ist allerdings folgender Zustand: Viele Bewohner der informellen Siedlungen zeigen nur geringes Interesse an einer vollständigen Konsolidierung der Gebiete, denn die damit verbundene Installierung der Basisinfrastruktur, sei sie auch nur nach dem geringsten Mindestmaß durchgeführt, bringt für die Bewohner Kosten mit sich, die diese nicht begleichen wollen oder gar können (vgl. Bähr/Mertins, 1995, S. 75).

5. Fazit

Blickt man nun noch einmal auf Geschriebenes zurück, so ist festzuhalten, dass sich allem voran, um auch die positiven Erfolge zu berücksichtigen, die Situation in Mexico-City in den letzten 30 Jahren verbessert hat. Politische und freie Organisationen setzten sich intensiver für eine bessere Umweltpolitik ein und auch die Kriminalität, sowie die Korruption ging in den letzten Jahren zurück. Außerdem sind wirtschaftliche Erfolge erzielt worden. Dennoch ist die Hauptstadt Mexicos betroffen von immenser sozialer Ungleichheit und starker Luftverschmutzung. Das Stadtleben setzt einiges an Belastbarkeiten der Menschen voraus. Lange Arbeitswege, überfüllte Straßen, ständige Gefahr vor Diebstählen oder unreines Wasser erschweren den Alltag der Menschen, insbesondere den der Armen, die die Mehrheit der Bevölkerung ausmachen. Das Leben in den Marginalvierteln ist auch trotz einer Konsolidierung oft nicht den sozialen Normen entsprechend. Allerdings sind die Arbeitsmöglichkeiten und Lebensbedingungen oft doch noch besser als in den ruralen Gebieten, sodass der ständige Zustrom gerechtfertigt ist. Früher noch, in der Hochphase der Entwicklung Mexico-Citys war dieser allerdings weitaus gravierender als er es heute ist.

Bezogen auf die sozialen Lebensbedingungen ist es mir nicht gelungen, eine genaue Definition oder exakte Bedingungen zu ergründen, jedoch lassen die Zustände, in denen die Menschen leben, ohnehin deutlich werden, dass nur eine mangelhafte Lebensweise besteht und die Vollständigkeit von sozialen Lebensbedingungen definitiv nicht vorhanden ist.

Die Aussage „Unzumutbares für selbstverständlich zu halten" (Daus, 1997, S. 15) beschreibt das Leben in und außerhalb Mexico-Citys sehr treffend, denn trotz heutiger politischer und sozialer Optimierung ist das Großstadtleben noch stets mit vielen Problemen für alle verbunden und weist damals wie heute die soziale Ungleichheit in großem Maße auf.

6. Quellenverzeichnis

I. Literarische Quellen

Bähr, J. / Mertins, G., *Die Lateinamerikanische Gross-Stadt*, Darmstadt: Wissenschaftliche Buchgesellschaft, 1995.

Dahman, F., *Informelle Siedlungsstrukturen und Wohnungstypologien*, Stuttgart: Städtebau - Institut der Fakultät Architektur und Stadtplanung der Universität Stuttgart, 1999.

Daus, R., *Großstädte Außereuropas: Lebenslust und Menschenleid*, Berlin: Babylon Metropolis Studies – Ursula Opitz Verlag, 1997.

II. Artikel in Sammelwerken

Fadanelli, G., Eine harte verlockende Droge, in: Rühle, A. (Hrsg.), *Megacitys: Die Zukunft der Städte*, München: Verlag C.H. Beck oHG, 2008, S. 35-44.

Parnreiter, C., Die Produktion einer „Megastadt", in: Schwentker, W. (Hrsg.), *Megastädte im 20. Jahrhundert*, Göttingen: Vandenhoek & Ruprecht, 2006, S. 165-184.

Parnreiter, C., Megastadtentwicklung, Globalisierung und Migration – Fallstudie Mexico City, in: Husa, K. & Wohlschlägl, H. (Hrsg.), *Megastädte der Dritten Welt im Globalisierungsprozeß*, Wien: Universität Wien Institut für Geographie, 1999, S. 59-198.

III. Internetbeiträge

Geographie Artikel, Metropolisierung am Beispiel Mexico-City, Artikel32.com, http://www.artikel32.com/geographie/1/metropolisierung-am-beispiel-mexicocity.php, zuletzt aufgerufen am 01.03.2014

Geographie Infothek: Stadtgeographie, Infoblatt Metropolisierung, Klett, http://www2.klett.de/sixcms/list.php?page=geo_infothek&article=Infoblatt+Metropolisierung&node=Stadtgeographie, zuletzt aufgerufen am 10.03.2014

Importsubstituierende Industrialisierung, wikipedia,
http://de.wikipedia.org/wiki/Importsubstituierende_Industrialisierung, zuletzt aufgerufen
am 10.03.2014

Informelle Wirtschaft, wikipedia, http://de.wikipedia.org/wiki/Informelle_Wirtschaft, zuletzt aufgerufen am 28.02.2014

Liste der größten Metropolregionen der Welt, wikipedia,
http://de.wikipedia.org/wiki/Liste_der_größten_Metropolregionen_der_Welt, zuletzt aufgerufen am 10.03.2014

Mexico, List of Slums, wikipedia, http://en.wikipedia.org/wiki/List_of_slums#Mexico,
zuletzt aufgerufen am 10.03.2014

Mexico-Stadt, Bundeszentrale für politische Bildung,
http://www.bpb.de/gesellschaft/staedte/megastaedte/64621/mexiko-stadt?p=all, zuletzt
aufgerufen am 14.03.2014

Mexiko-Stadt, wikipedia, http://de.wikipedia.org/wiki/Mexiko-Stadt, zuletzt aufgerufen
am 10.03.2014

Nezahualcoyótl (Municipality), citypopulation,
http://www.citypopulation.de/php/mexico-admin.php?adm2id=15058, zuletzt aufgerufen
am 14.03.2014

Polansky, M., Eine Stadt sitzt bald auf dem Trockenen, Deutschlandradio Kultur,
http://www.deutschlandradiokultur.de/eine-stadt-sitzt-bald-auf-dem-trockenen.979.de.ht
ml?dram:article_id=224538, zuletzt aufgerufen am 14.03.2014

Wiese, R., Mexico City – Verstädterungsprozess, Lerncafe,
http://www.lerncafe.de/static_pages/lerncafe/46/index-option=com_content&task=view
&id=288&Itemid=428.php.html, zuletzt aufgerufen am 28.02.2014

Ziener, K., Slums in Mexiko-Stadt – Entwicklung, Probleme, planerische Lösungsan-
sätze,
http://www.ru.uni-kl.de/fileadmin/intplan/Bachelorarbeiten/2011/Zusammenfassung_BA
_Karen_Ziener.pdf, zuletzt aufgerufen am 01.03.2014